Marie-Anne Entradas

Schreiblehrgang: Kurze einfache Sätze

Grundlegende Übungen zur Förderung der Schreibkompetenz

Die Autorin

Marie-Anne Entradas hat Lehramt mit den Fächern Französisch, Geschichte und Fremdsprachendidaktik studiert. Sie hat an der Hugo-Höfler-Schule in Breisach „Deutsch als Fremdsprache" für Kinder und Jugendliche mit Migrationshintergrund unterrichtet und ist momentan sowohl in der Primar- als auch in der Sekundarstufe an der Moscherosch-Schule GMS in Willstätt tätig.

Gedruckt auf umweltbewusst gefertigtem, chlorfrei gebleichtem und alterungsbeständigem Papier.

1. Auflage 2017
© 2017 Persen Verlag, Hamburg
AAP Lehrerfachverlage GmbH
Alle Rechte vorbehalten.

Das Werk als Ganzes sowie in seinen Teilen unterliegt dem deutschen Urheberrecht. Der Erwerber des Werkes ist berechtigt, das Werk als Ganzes oder in seinen Teilen für den eigenen Gebrauch und den Einsatz im Unterricht zu nutzen. Die Nutzung ist nur für den genannten Zweck gestattet, nicht jedoch für einen weiteren kommerziellen Gebrauch, für die Weiterleitung an Dritte oder für die Veröffentlichung im Internet oder in Intranets. Eine über den genannten Zweck hinausgehende Nutzung bedarf in jedem Fall der vorherigen schriftlichen Zustimmung des Verlages.

Sind Internetadressen in diesem Werk angegeben, wurden diese vom Verlag sorgfältig geprüft. Da wir auf die externen Seiten weder inhaltliche noch gestalterische Einflussmöglichkeiten haben, können wir nicht garantieren, dass die Inhalte zu einem späteren Zeitpunkt noch dieselben sind wie zum Zeitpunkt der Drucklegung. Der Persen Verlag übernimmt deshalb keine Gewähr für die Aktualität und den Inhalt dieser Internetseiten oder solcher, die mit ihnen verlinkt sind, und schließt jegliche Haftung aus.

Grafik: Stefan Lucas
Satz: Satzpunkt Ursula Ewert GmbH, Bayreuth

ISBN: 978-3-403-20270-7

www.persen.de

Inhaltsverzeichnis

Methodisch-didaktischer Kommentar 4

1 Meine Umgebung

Meine Freunde und Verwandten → Nomen und Personalpronomen 6

Mein Zuhause → Wohnräume beschreiben, Präposition *in* 9

Meine Schulklasse → Pluralformen, Verneinung *kein/e* 12

2 Der Tag und die Woche

Die Zeit → Wochentage und Uhrzeitangaben 15

Mein Tagesablauf → trennbare Verben 18

Freizeit → Aktivitäten im Präsens 21

3 Orientierung

Wo bist du? → Präpositionen mit Dativ 24

Wohin gehst du? → Präpositionen mit Akkusativ und Dativ 27

Richtungen → Beschreibung 30

4 Essen und Trinken

Lebensmittel → Nominativ und Akkusativ 33

Essgewohnheiten → Verneinung 36

Gemeinsam essen → Restaurantbesuch 39

5 Das Jahr

Wie ist das Wetter? → Wetterphänomene, Aktivitäten im Präsens 42

Kleidung → unbestimmter Artikel, Adjektivdeklination 45

Monate und Jahreszeiten → Aktivitäten im Präsens 48

6 Du oder Sie?

Ein Gespräch unter Freunden → W-Fragen, Ja/Nein-Fragen 51

Ein Gespräch mit dem Lehrer → Höflichkeitsform 54

Unter Menschen → Am Bahnhof, Einkaufen 57

7 Unterwegs

Verkehrsmittel → Nomen, Bewegungsverben 60

Auf Reisen → eine Postkarte schreiben, Länder und Spezialitäten 63

Mein Koffer → (trennbare) Verben, Possessivbegleiter 66

Methodisch-didaktischer Kommentar

Dieser Schreiblehrgang knüpft an die Alphabetisierung von Zweitsprachlernern an und baut auf seinen Vorgängerband zum Thema Buchstaben und Wörter auf. Mit diesem Buch werden kurze einfache Sätze in inhaltlich relevanten Kontexten umfassend geübt und Lernende sicher an die Überschreitung der Wortgrenze herangeführt. Die Arbeitsblätter und Kopiervorlagen verbinden konsequent Alltags- und Grammatikthemen miteinander und schaffen durch vielseitige Anwendungs- und Transferbeispiele einen konkreten Bezug zur Lebensrealität der Kinder.

Die nachhaltige Entwicklung der Schreibkompetenz von Zweitsprachlernern mit geringen Vorkenntnissen wird durch die detailreiche Illustration der Inhalte besonders unterstützt: Zum einen wird die Selbstständigkeit in der Bearbeitung gefördert, da die Kinder keine zusätzlichen Erklärungen benötigen. Zum anderen motivieren die Bilder als Kontextualisierungshilfen und vermitteln Weltwissen: „Bilder machen Spaß, Bilder sind Träger von Emotionen"[1]. In diesem Buch finden Sie daher sowohl Einzeldarstellungen von Gegenständen, die eine eindeutige Zuordnung garantieren, als auch komplexe Situationsbilder, die unterschiedliche Szenen aus dem Alltag der Kinder abbilden (z. B. *Am Bahnhof*, Kapitel 6).

Insgesamt enthält das Buch **sieben Kapitel** zu den relevanten Themenbereichen „Meine Umgebung", „Der Tag und die Woche", „Orientierung", „Essen und Trinken", „Das Jahr", „Du oder Sie?" und „Unterwegs". Die Kapitel sind darüber hinaus thematisch untergliedert und bieten so eine passgenaue Bearbeitung unterschiedlicher Grammatikschwerpunkte an.

Jedes Unterkapitel besteht aus drei Seiten Übungen. Am Anfang jedes Unterkapitels wird der für das inhaltliche Verständnis notwendige Wortschatz mit Hilfe von Bildern eingeführt, was den Zweitsprachlernern eine eindeutige Zuordnung ermöglicht und eine optimale Ausgangsbasis für den weiteren Lernprozess sichert. Dadurch können die Lernenden die einzelnen Übungen selbstständig bearbeiten und diese am Ende anhand der Lösungshilfen in Einzel- oder Partnerarbeit korrigieren.

Darauf aufbauend wird eine Vielzahl an Übungen angeboten, deren Schwierigkeitsgrad **progressiv** gestaltet ist, um die Kinder bei der Satzformulierung bestmöglich zu fördern und ihren individuellen Lernfortschritt zu berücksichtigen. Dabei werden verschiedene Übungstypen genutzt. Zum Beispiel ordnen die Lernenden Satzsegmente, vervollständigen Sätze, korrigieren inhaltliche Fehler und beschreiben Bilder. Darüber hinaus beantworten sie einfache Fragen, lösen Rätsel, füllen Sprechblasen aus und verbinden Satzteile. Diese vielfältigen Übungen fördern nicht nur die Schreibkompetenz, sondern regen durch den bewussten und vielseitigen Umgang mit der deutschen Sprache unterschiedliche Lernprozesse an.

---

[1] Haß, Dr. Frank: „Mit Bildern lernen", Unterricht aktuell: Institut für Angewandte Didaktik 2013, S. 1.

Methodisch-didaktischer Kommentar

Jedes Unterkapitel enthält ein oder zwei **Transferübungen**: Die Kinder übertragen eine gelernte Problemlösung auf eine andere Situation, welche ihnen aus persönlichen Erfahrungen bekannt ist. Bei dem Thema *Verkehrsmittel* sollen sich die Lernenden bspw. im Folgeschritt mit der Frage „Und du? Hast du auch ein bisschen Angst vor einem Verkehrsmittel?" beschäftigen. Dadurch wird das Üben der jeweiligen Grammatikphänomene inhaltlich erweitert und auf den eigenen Lebensbereich übertragen. Auch hierbei bieten sich unterschiedliche Sozialformen wie Einzel-, Partner- oder Gruppenarbeit an.

Um das Vorwissen der Lernenden zu aktivieren und sicherzustellen, dass die Themenbereiche möglichst selbstständig erarbeitet werden können, finden die Lernenden neben dem Bildmaterial kurze **Widerholungsübungen** und zusätzliche Hinweise. Die **Tipps**, die in vielen Unterkapiteln enthalten sind, sollen die grammatikalischen Schwerpunkte noch einmal aufgreifen und wiederholen. Dadurch wird verhindert, dass die Kinder die Grammatikregeln und -ausnahmen mit viel Zeitaufwand eigenständig aufbereiten müssen und sich aufgrund lückenhaften Vorwissens Fehler einschleichen.

> *Tipp!*
> **Wo? ⇨ Dativ**
> in + der-Wort ⇨ im
> in + das-Wort ⇨ im
> in + die-Wort ⇨ in der

Der Schreiblehrgang wird durch die für Schreibanfänger **passende Lineatur** abgerundet. Nach der erfolgreichen Bearbeitung der Übungen zu Buchstaben und Wörtern aus dem Vorgängerband können die Zweitsprachlerner einzelne Wörter sicher schreiben. Für das Überschreiten der Wort-Satz-Grenze und das Üben kurzer Sätze ist es jedoch sinnvoll, die Zweitsprachlerner auch weiterhin punktuell durch Lineatur zu unterstützen. Zudem empfiehlt es sich, dass den Kindern auch für die Übungen, die ins eigene Schreibheft zu schreiben sind, ein entsprechendes Schreibübungsheft zur Verfügung steht.

Liebe Lehrerinnen und Lehrer, ich habe diese Arbeitsblätter in meinem eigenen Unterricht erarbeitet, erprobt und eingesetzt und meine Schüler haben gern mit ihnen gearbeitet. Sie können in einer „normalen" Unterrichtsstunde (Einstieg, Erarbeitungsphase, Sicherung, Transfer) als Vertiefung eines bestimmten Schwerpunktes und in der selbstständigen Arbeitsphase eingesetzt werden. Ich bin mir sicher, dass dieses Werk Ihre Schüler beim Spracherwerb der deutschen Sprache unterstützen wird. Viel Spaß damit!

1 Meine Umgebung

Meine Freunde und Verwandten

1. Male die Wörter mit der passenden Farbe an. Verbinde die Wörter mit den Pronomen.

der ⇨ blau   die ⇨ rot   das ⇨ gelb   die (Pl.) ⇨ grün

Tipp!
der-Wort = er
die-Wort = sie
das-Wort = es
die (Pl.)-Wort = sie

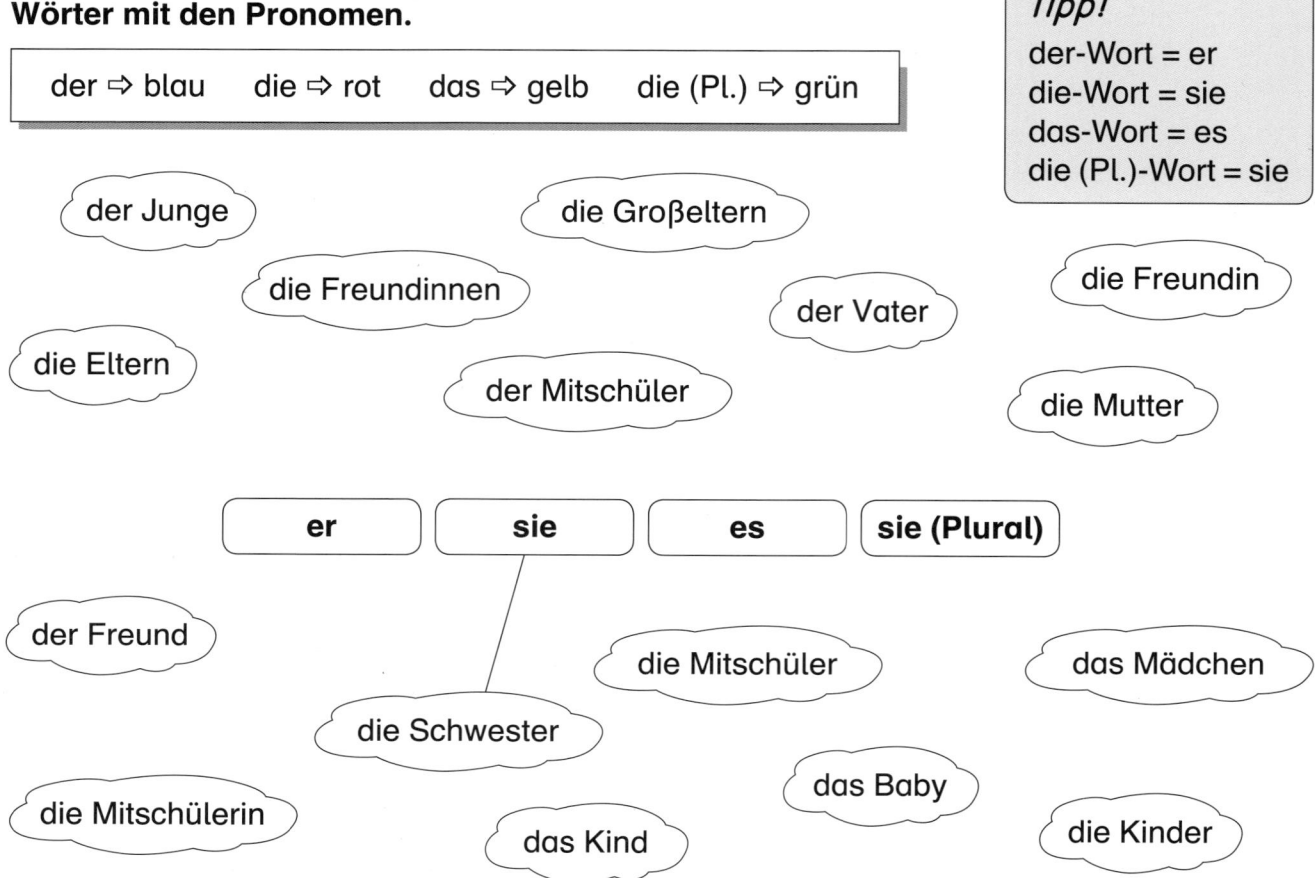

2. Finde für jede Person zwei passende Adjektive. Vervollständige die Sätze.

lustig – nett – klein – jung – glücklich – laut – schlau

1. Die Großeltern sind <u>alt</u> und _____.

2. Der Junge ist _____ und _____.

3. Die Mitschülerin _____.

4. Das Kind _____.

3. Bilde immer zwei Sätze mit Hilfe der Übung 3. Verwende das passende Pronomen.

1. Die Großeltern sind alt. <u>Sie</u> sind auch sehr glücklich.

2. Der Junge _____.

3. Die Mitschülerin _____.

4. Das Kind _____.

1 Meine Umgebung

Meine Freunde und Verwandten

Familie Müller macht ein Picknick

4. Ersetze das Personalpronomen durch das passende Nomen. Das Bild kann dir dabei helfen.

Beispiel: Sie macht ein Picknick. = <u>Die Familie Müller</u> macht ein Picknick.

1. <u>Sie</u> sitzen am Tisch. _____.

2. <u>Er</u> grillt das Fleisch. _____.

3. <u>Sie</u> isst ein Stück Kuchen. _____.

4. <u>Es</u> spielt mit Puppen. _____.

5. Jetzt ersetze das Nomen durch das passende Personalpronomen.

Beispiel: <u>Die Tante</u> passt auf das Baby auf. = <u>Sie</u> passt auf das Baby auf.

1. <u>Die Cousine</u> malt ein Bild. _____.

2. <u>Der Opa</u> liest ein Buch. _____.

3. <u>Die Mutter</u> trinkt einen Tee. _____.

4. <u>Der Cousin</u> spielt Fußball. _____.

1 Meine Umgebung

Meine Freunde und Verwandten

6. Richtig oder falsch? Korrigiere die Sätze mit Hilfe des Bildes auf Seite 7.

Beispiel: Die Mutter isst ein Stück Kuchen: Das ist falsch. <u>Die Oma</u> isst ein Stück Kuchen.

1. Der Vater hilft dem Baby: *Das ist falsch. Der* _____.

2. Der Cousin malt ein Bild: _____.

3. Die Großeltern grillen das Fleisch: _____.

4. Die Kinder trinken Tee: _____.

5. Der Opa passt auf das Baby auf: _____.

6. Der Vater spielt mit den Puppen: _____.

7. Was machen deine Freunde und Verwandten bei einem Picknick? Schreibe Sätze. Das Bild kann dir dabei helfen.

Beispiel: Was macht deine Mutter? *Meine Mutter liest ein Buch.*

1. Was macht dein Vater? _____.

2. Was machen deine Großeltern? _____.

3. Was machst du? _____.

4. Was macht _____ ? _____.

5. Was machen _____ ? _____.

1 Meine Umgebung   Mein Zuhause

das Schlafzimmer   das Kinderzimmer   das Wohnzimmer   die Küche

der Flur   das Badezimmer   der Keller   der Garten

1. Welches Zimmer ist es?

 Das ist das Bad.    _____

_____ _____    _____

 _____    _____

2. Wo findest du die Gegenstände? Die Bilder in Übung 1 können dir helfen.

> *Tipp!*
> **Wo? ⇨ Dativ**
> in + der-Wort ⇨ im
> in + das-Wort ⇨ im
> in + die-Wort ⇨ in der

der Teppich: im Wohnzimmer

die Waschmaschine: _____

die Kiste: _____   der Schrank: _____

das Regal: _____   das Fahrrad: _____

das Bett: _____   das Waschbecken: _____

der Fernseher: _____   das Sofa: _____

der Herd: _____   die Dusche: _____

der Gartenstuhl: _____   der Sonnenschirm: _____

der Tisch: _____

1 Meine Umgebung *Mein Zuhause*

3. Schau die Bilder an. Was siehst du?
   Schreibe Sätze mit Hilfe der Übungen 1 und 2.

> *Tipp!*
> Das ist …
> der-Wörter ⇨ ein
> die-Wörter ⇨ eine
> das-Wörter ⇨ ein

Das ist <u>ein</u> Schlafzimmer. Im Schlafzimmer ist

Das ist ein

sind

Das ist ein

10

Marie-Anne Entradas: Schreiblehrgang: Kurze einfache Sätze
© Persen Verlag

1 Meine Umgebung

Mein Zuhause

4. Richtig oder falsch? Schau das Haus an. Lies die Sätze und korrigiere sie.

Beispiel: Das Bett ist im Wohnzimmer. *Nein, das Bett ist im Schlafzimmer.*

1. Das Sofa ist im Badezimmer. _____ .
2. Der Sonnenschirm ist in der Küche. _____ .
3. Das Fahrrad ist im Schlafzimmer. _____ .
4. Das Waschbecken ist im Wohnzimmer. _____ .
5. Der Herd ist im Kinderzimmer. _____ .

5. Male dein Fantasiezimmer und beschreibe es.

Das ist mein _____

_____

_____

1 Meine Umgebung   *Meine Schulklasse*

 der Taschenrechner,
die Taschenrechner

 der Bleistift,
die Bleistifte

 die Tafel,
die Tafeln

 der Radiergummi,
die Radiergummis

 die Schultasche,
die Schultaschen

 die Brotdose,
die Brotdosen

 das Buch,
die Bücher

 der Anspitzer,
die Anspitzer

 die Schere,
die Scheren

 der Kugelschreiber,
die Kugelschreiber

 der Schwamm,
die Schwämme

 das Lineal,
die Lineale

 das Heft,
die Hefte

 der Füller,
die Füller

 das Mäppchen,
die Mäppchen

 der Computer,
die Computer

1. Schreibe die passenden Pluralformen. Die Bilder oben können dir helfen.

ein Buch, zwei *Bücher*   ein Schwamm, drei _____

eine Schere, vier _____ ein Kugelschreiber, fünf _____

ein Lineal, sechs _____ ein Heft, sieben _____

2. Wie viele …?
   Zähle die Gegenstände im Bild und schreibe in dein Heft.

Im Klassenzimmer sind vier Schultaschen, …

1 Meine Umgebung

Meine Schulklasse

3. Was siehst du? Schau die Bilder an und schreibe die richtige Form.

Das <u>ist</u> ein Mäppchen.　　　Das <u>sind</u> zwei Schere<u>n</u>.

_____　　　_____

_____　　　_____

_____　　　_____

4. Was ist in deiner Schultasche? In deinem Klassenzimmer?

In meiner Schultasche _____

_____

_____

In meinem Klassenzimmer _____

_____

_____

5. Verneinung: *Kein* oder *keine*? Schreibe Sätze in der Singular-Form.

Das ist <u>kein</u> Computer.　　　_____

_____　　　_____

6. Plural oder Singular? Verwende die passende Verneinung.

Das sind <u>keine</u> Hefte.　　　_____

_____　　　_____

1 Meine Umgebung   Meine Schulklasse

Tipp!
der-Wörter ⇨ ein/kein
die-Wörter ⇨ eine/keine
das-Wörter ⇨ ein/kein
die (Plural)-Wörter ⇨ –/keine

**7. Ist das ein …? Schreibe Antworten.
Verwende die passende Form des Artikels.**

Ist das ein Heft?

Nein, das ist <u>kein</u> Heft. Das ist <u>ein</u> Lineal.

Sind das zwei Mäppchen?

Nein, das sind <u>keine</u> Mäppchen. Das sind (zwei) Schwämme.

 Ist das ein Anspitzer?

Sind das zwei Bücher?

Sind das (zwei) Schwämme?

8. Was siehst du? Was könnte fehlen? Schreibe zu jedem Bild zwei Sätze.

2 Der Tag und die Woche
Die Zeit

1. Was passt? Trage die Wochentage ein: Sonntag, Montag, Freitag, Donnerstag, Mittwoch, Dienstag, Samstag.

Der Stundenplan von		Eva Brandes			
Wochentag	Mo_____	D_____	M_____	Do_____	F_____
1. Stunde 8.00–8.45 Uhr	Sachkunde	Sport	Englisch	Deutsch	Sachkunde
2. Stunde 8.45–9.30 Uhr	Mathe	Sport	Musik	Deutsch	Sachkunde
1. Pause					
3. Stunde 9.50–10.35 Uhr	Musik	Deutsch	Mathe	Religion	Deutsch
4. Stunde 10.35–11.20 Uhr	Englisch	Mathe	Mathe	Religion	Deutsch
2. Pause					
5. Stunde 11.40–12.25 Uhr	Kunst	Englisch	Kunst	Chor-AG	

Am Wochenende hat Eva frei:

Sa_____ und S_____

> **Tipp!**
> jeden Mittwoch ⇨ mittwoch**s**
> jeden Samstag ⇨ samstag**s**

2. Richtig oder falsch? Korrigiere die Sätze mit Hilfe der Übung 1 und schreibe in dein Heft.

Beispiel: Eva hat mittwochs zwei Stunden Englisch.
Nein, Eva hat mittwochs zwei Stunden Mathe.

1. Eva hat montags Deutsch.
2. Eva hat dienstags in der 3. Stunde Kunst.
3. Eva hat freitags in der 1. und 2. Stunde Religion.

3. Was machst du im …? Verbinde die Sätze und schreibe ins Heft.

1. Im Deutschunterricht	lerne ich eine neue Sprache.
2. Im Mathematikunterricht	singen wir zusammen.
3. Im Musikunterricht	male und bastle ich.
4. Im Englischunterricht	rechne ich.
5. Im Kunstunterricht	lese ich Texte und übe die Grammatik.
6. In der Chor-AG	lerne ich viel über Noten und Instrumente.

2 Der Tag und die Woche — Die Zeit

4. Dein Stundenplan. Wann hast du …? Trage die passenden Tage ein.

> montags – dienstags – mittwochs – donnerstags – freitags

1. … Sport? Ich habe _____ Sport.
2. … Deutsch? Ich habe _____ und _____ Deutsch.
3. … Musik? _____
4. … Mathe? _____

5. Die Uhrzeiten. Ordne die Sätze den passenden Uhrzeiten zu.

	Wir begrüßen uns um **acht Uhr.**		Wir machen eine Übung um **halb neun.**
	Wir korrigieren die Hausaufgaben um **fünf nach acht.**		Wir besprechen die Übung um **zwanzig vor neun.**
	Wir lesen einen Text um **Viertel nach acht.**		Wir bekommen die Hausaufgaben um **Viertel vor neun.**

Beispiel: 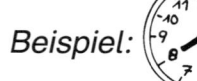 Wir begrüßen uns um acht Uhr.

1.  _____

2.  _____

3.  _____

4.  _____

5.  _____

2 Der Tag und die Woche   Die Zeit

6. Was fehlt? Schreibe die Uhrzeiten. Übung 5 kann dir dabei helfen.

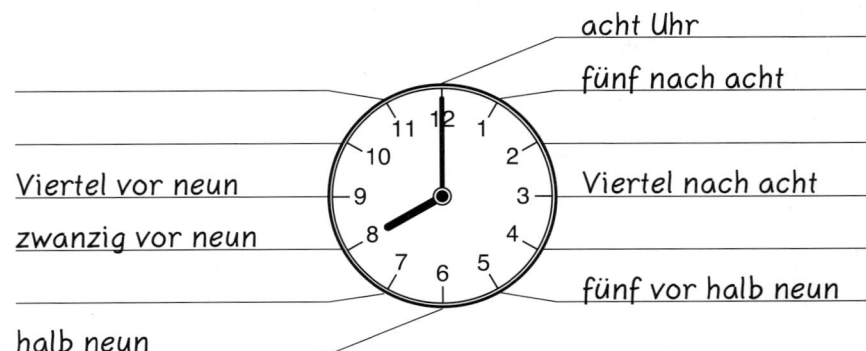

acht Uhr

fünf nach acht

Viertel vor neun

Viertel nach acht

zwanzig vor neun

fünf vor halb neun

halb neun

7. Wie viel Uhr ist es? Schreibe oder male die passende Uhrzeit.

1.  Es ist _____

3. 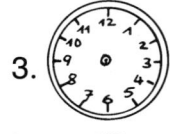 Es ist Viertel vor eins.

2.  _____

4. Es ist zehn vor drei.

8. Was macht Eva am Montag? Übung 1 kann dir helfen.
   Male die fehlenden Uhrzeiten und schreibe Sätze wie im Beispiel.

1.  Mathe

   Sie hat um Viertel vor neun Mathe.

2.  die erste Pause

   _____

3. 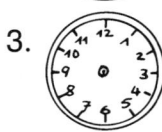 Musik

   _____

4. 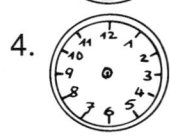 Kunst

   _____

9. Und du? Wähle einen Tag deiner Schulwoche. Schreibe zwei bis drei Sätze.

Mein _____ : Ich habe um _____

_____

_____

_____

2 Der Tag und die Woche — Mein Tagesablauf

**1. Beantworte die Fragen. Schreibe die Antworten in dein Heft.
Das Bild kann dir dabei helfen.**

Wann stehst du auf? Wann stehen deine Eltern auf? Wann stehen deine Geschwister auf?

2. Schreibe Sätze mit der Ich-Form.

an/rufen: Ich rufe an.

zurück/kommen: _____

fern/sehen: _____

auf/räumen: _____

ein/kaufen: _____

los/fahren: _____

ab/schreiben: _____

3. Was passt zusammen? Verbinde und schreibe die Sätze in dein Heft.

Ich **stehe** um 7 Uhr	ab.
Ich **fahre** um 7.30 Uhr mit dem Fahrrad	zurück.
Ich **schreibe** von der Tafel	auf.
Ich **komme** um 13 Uhr nach Hause	an.
Ich **rufe** meine Freundin	los.
Ich **räume** das Kinderzimmer	auf.

2 Der Tag und die Woche — Mein Tagesablauf

4. Was macht Max? Ergänze die passende Verbform.

sieht – kommt – fährt – steht – kauft

1. Max _____ um 7 Uhr **auf**.
2. Er _____ mit dem Fahrrad um 7.45 Uhr **los**.
3. Er _____ um 14 Uhr nach Hause **zurück**.
4. Max _____ um 17 Uhr mit seinem Vater **ein**.
5. Er _____ abends mit seiner Mutter eine Stunde **fern**.

5. Und du? Beantworte die Fragen wie im Beispiel.

1. Stehst du um 5.30 Uhr auf?

   Nein, ich stehe um 6.30 Uhr auf.

2. Fährst du um 6 Uhr zur Schule?

   _____

3. Kommst du um 17 Uhr zurück?

   _____

4. Siehst du um 18 Uhr fern?

   _____

6. Ordne die Satzteile. Schreibe den Satzanfang groß. Satzzeichen nicht vergessen!

1. um – 8 Uhr – ich – Schule – fahre – zur

   _____

2. meine Mutter – zur – Arbeit – 7.30 Uhr – fährt – um – los

   _____

3. 5.30 Uhr – steht – auf – mein Vater – um

   _____

4. am – kaufe – Samstag – ich – mit meinen Eltern – ein

   _____

5. sie – 14 Uhr – zurück – Hause – um – nach – kommt

   _____

2 Der Tag und die Woche — Mein Tagesablauf

7. Wer macht was? Schreibe zu jedem Bild einen Satz.

1.

2.

3.

4.

5.

6.

7.

2 Der Tag und die Woche — Freizeit

1. Schreibe die passenden Aktivitäten.

Fahrrad fahren

2. Lies die Minidialoge. Unterstreiche die Verbformen.

+ Ich <u>fahre</u> Fahrrad. <u>Fährst</u> du auch Fahrrad?
− Ja! Und meine Freunde fahren auch gern Fahrrad.

+ Ich spiele gern Fußball. Und du? Spielst du gern Fußball?
− Ja, ich spiele gern Fußball. Aber mein Bruder spielt lieber Tennis.

+ Ich angle sonntags mit meinem Vater. Angelt ihr auch?
− Nein, wir angeln nicht.

+ Ich wandere gern mit meiner Familie. Wandert ihr gern?
− Ja, wir wandern auch gern am Wochenende.

2 Der Tag und die Woche — Freizeit

3. Trage die fehlenden Verbformen in die Tabelle ein. Übung 2 kann dir dabei helfen.

Die Endungen im Präsens		spielen	fahren (ä)	angeln	wandern
ich	-e				
du	-st			angel**st**	wander**st**
er/sie/es	-(e)t		fährt	angel**t**	wand**ert**
wir	-en	spiel**en**	fahr**en**		
ihr	-(e)t	spiel**t**	fahrt		
sie/Sie	-en	spiel**en**		angel**n**	wand**ern**
		wie **schwimmen, turnen, hören, singen, malen**		wie **basteln**	wie **klettern**

4. Partnerarbeit. Jeder würfelt und sagt einen Satz. Die Verbtabelle in Übung 3 kann euch helfen.

ich: ⚀   du: ⚁   er/sie/es: ⚂   wir: ⚃   ihr: ⚄   sie/Sie (Plural): ⚅

Beispiele: ⚃ Wir spielen Fußball.   ⚁ Du fährst Fahrrad.

5. Ersetze die Bilder durch die passende Verbform. Schreibe Sätze.

1. Ich _____ gern: _____

2. Du _____ in der Schule: _____

3. Wir _____ im Schwimmunterricht: _____

4. Ihr _____ am Mittwoch: _____

5. Sie _____ am Wochenende: _____

2 Der Tag und die Woche — Freizeit

6. Was machst du gern? Kreuze an. Schreibe die passenden Sätze in der Ich-Form.

☐ singen ☐ Musik hören ☐ malen ☐ angeln
☐ basteln ☐ Gitarre spielen ☐ klettern ☐ tanzen
☐ schwimmen ☐ Fußball spielen ☐ Karten spielen ☐ Fahrrad fahren

Ich _____

_____

_____

7. Was macht Julia? Ihre Mutter erzählt. Trage passende Verbformen ein.

Julia _____ montags im Sportunterricht.

Sie _____ dienstags im Kunstunterricht.

Sie _____ freitags in der Chor-AG. Sie

_____ am Wochenende mit Freunden

_____ .

8. Und deine Familie? Beantworte die Fragen wie im Beispiel.

Beispiel: Was macht dein Vater gern? Mein Vater sieht gern fern.

1. Was macht deine Mutter gern?

   Meine Mutter _____

2. Was machen deine Großeltern gern?

   Sie _____

3. Was machst du mit deinen Eltern am Wochenende?

   _____

3 Orientierung — Wo bist du?

1. Wo sind die Personen? Kreuze an. Schreibe die Sätze in dein Heft.

Max ist	☐ vor der Tür.	☐ neben der Tafel.	☐ am Fenster.
Markus ist	☐ hinter der Tür.	☐ auf dem Stuhl.	☐ zwischen dem Stuhl und dem Tisch.
Tina ist	☐ an der Tafel.	☐ unter dem Tisch.	☐ zwischen dem Stuhl und dem Tisch.
Alex ist	☐ unter dem Tisch.	☐ an der Tafel.	☐ im Flur (in dem Flur).
Viktor ist	☐ vor der Tür.	☐ auf dem Stuhl.	☐ neben dem Fenster.
Herr Meyer ist	☐ vor der Tür.	☐ an der Tafel.	☐ zwischen den Stühlen.
Luise ist	☐ vor dem Fenster.	☐ auf dem Stuhl.	☐ unter dem Stuhl.

2. Wo sind sie jetzt? Schreibe zu jeder Person einen Satz in dein Heft.

3 Orientierung

Wo bist du?

3. Wo sind die Jungs? Schreibe Sätze wie im Beispiel. Übung 1 kann dir dabei helfen.

Beispiel: Er ist hinter der Tür.

Tipp! er steht — er sitzt

1. _____
2. _____
3. _____

4. Das verrückte Klassenzimmer. Finde die Tiere. Korrigiere die Sätze wie im Beispiel.

Tipp!
Wo? ⇨ Dativ
in + dem ⇨ im
an + dem ⇨ am

der-Wort ⇨ dem
die-Wort ⇨ der
das-Wort ⇨ dem

Beispiel: Der Vogel sitzt auf dem Tisch. *Nein, er sitzt auf der Tafel.*

1. Die Katze sitzt vor der Tür. Nein, sie _____

2. Der Hund ist am Fenster. _____

3. Das Pferd ist neben dem Fenster. _____

4. Die Maus ist auf der Schultasche. _____

5. Und wo bist du? Schreibe Ich-Sätze wie im Beispiel.

Beispiel: das Klassenzimmer – in: *Ich bin im Klassenzimmer.*

1. der Computer – an: _____

2. die Toilette – auf: _____

3. die Cafeteria – in: _____

3 Orientierung

Wo bist du?

6. Auf der Straße. Wo sind die Tiere jetzt? Schreibe zu jedem Tier einen Satz.

Der Vogel sitzt in der Eisdiele.

_____

_____

_____

_____

_____

_____

7. Wo kaufe ich …? Schreibe Sätze wie im Beispiel. Übung 6 kann dir dabei helfen.

… ein Brötchen ? Ich kaufe ein Brötchen in der Bäckerei.

… ein Eis ? _____

… ein Pflaster ? _____

… eine Flasche Wasser ? _____

… ein Buch ? _____

3 Orientierung

Wohin gehst du?

1. Wohin geht Viktor? Ordne die Bilder dem passenden Satz zu.

> ... in das Klassenzimmer. ... auf die Toilette.
> ... über den Schulhof. ... hinter die Sporthalle.

Tipp!
Präpositionen + Akk.
der-Wörter ⇨ den
die-Wörter ⇨ die
das-Wörter ⇨ das

Viktor geht ...

2. Wohin gehst du? Verbinde die Sätze.

Tipp!
in + das ⇨ ins

Ich will ein Buch kaufen.	Ich gehe ins Kino.
Ich will einen Film schauen.	Ich gehe in die Sporthalle.
Ich will ein Eis kaufen.	Ich gehe in die Buchhandlung.
Ich will eine Pizza essen.	Ich gehe ins Restaurant.
Ich will Basketball spielen.	Ich gehe in die Eisdiele.

3 Orientierung

Wohin gehst du?

3. Ordne die Satzteile. Schreibe vollständige Sätze.

1. läuft – Markus – zu – Sportplatz – dem

2. Tina – die – geht – in – Bäckerei

3. hinter – du – die – Sporthalle – gehst

4. Kino – gehe – ich – ins

5. zu – Haltestelle – Luise – geht – der

Tipp!
zu + Dativ:
der ⇨ dem
die ⇨ der
das ⇨ dem

4. Was machen die Kinder nach der Schule? Schreibe Sätze. Übungen 1 bis 3 können dir dabei helfen.

Tipp!
zu + dem ⇨ zum
zu + der ⇨ zur

Tina geht in die Bäckerei. Markus

3 Orientierung

Wohin gehst du?

5. Schau dir Viktors Notizzettel an. Wohin muss er gehen? Schreibe Sätze wie im Beispiel.

Mein Tag
7.30 Uhr: ein Brötchen kaufen
von 8 bis 13 Uhr: lernen
14.30 Uhr: ein Buch kaufen
16.30 Uhr: Fußball spielen
18.30 Uhr: einen Film schauen

Beispiel: Um 7.30 Uhr: Er geht in die Bäckerei. Er kauft ein Brötchen.

1. Von 8 bis 13 Uhr: _____
2. Um 14.30 Uhr: _____
3. Um 16.30 Uhr: _____
4. Um 18.30 Uhr: _____

6. Und du? Wohin gehst du um …?

1. Um _____ Uhr: Ich gehe in die Schule. Ich lerne.
2. Um _____ Uhr: _____
3. Um _____ Uhr: _____

7. Wohin gehst du am …?

1. Am Dienstagnachmittag: Ich gehe _____
2. Am Samstagvormittag: _____
3. Am _____
4. Am _____

3 Orientierung — Richtungen

1. Wohin gehe ich?

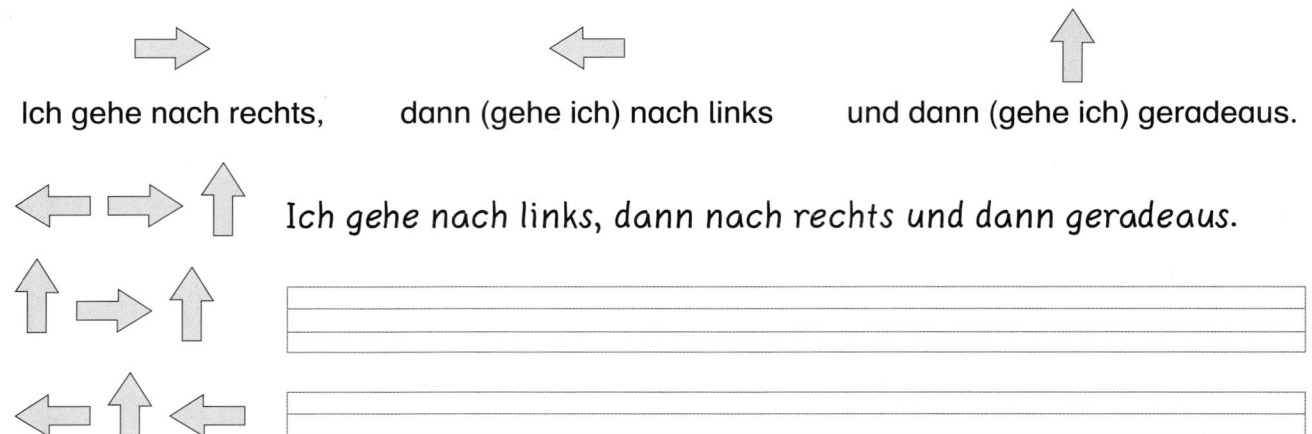

Ich gehe nach rechts,   dann (gehe ich) nach links   und dann (gehe ich) geradeaus.

Ich gehe nach links, dann nach rechts und dann geradeaus.

2. Wie komme ich zu …? Schau den Plan an und hilf den Kindern. Schreibe Sätze.

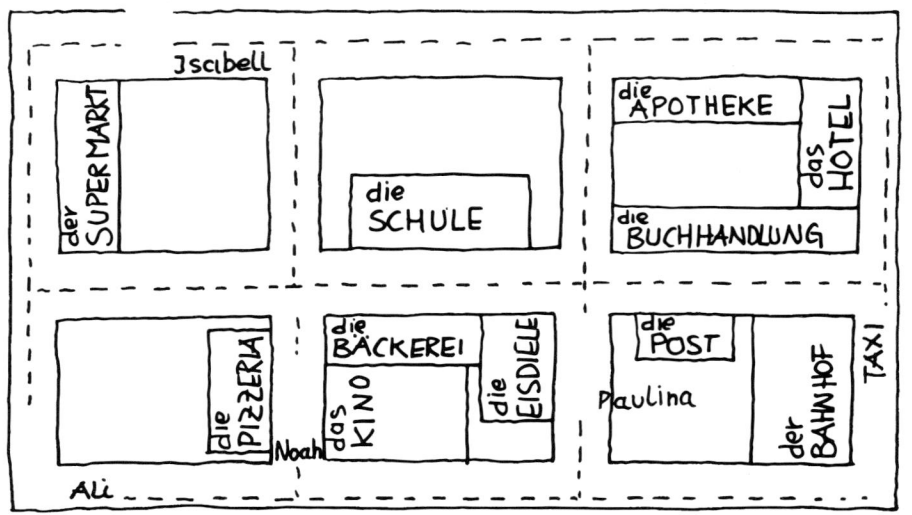

1. Wie komme ich zum Bahnhof?   Ali geht
2. Wie komme ich zur Post?   Isabell
3. Wie komme ich zur Apotheke?   Noah
4. Wie komme ich zum Supermarkt?   Paulina

3 Orientierung — Richtungen

3. Wo liegt was? Schau den Stadtplan in Übung 2 an. Schreibe Sätze wie im Beispiel.

rechts von: |⇨●   links von: ●⇦| gegenüber von: |●⇦⇨●|

Beispiel: Die Bäckerei ist links von der Eisdiele.

1. Das Kino ist gegenüber _____
2. Die Schule _____
3. Die Post _____
4. Die Buchhandlung _____

Tipp!
von + Dativ:
die ⇨ der
das ⇨ dem
der ⇨ dem

4. Himmelsrichtungen. Schau dir die Karte von Deutschland an. Wo liegen die Städte? Schreibe Sätze wie im Beispiel.

im Norden

im Nordwesten   im Nordosten

im Westen   in der Mitte   im Osten

im Südwesten   im Südosten

im Süden

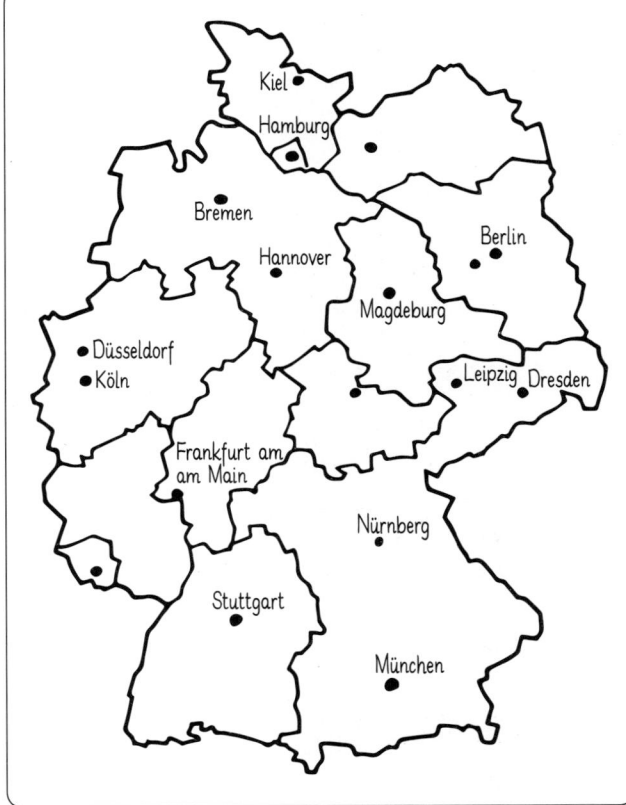

Beispiel: Hamburg liegt im Norden (von Deutschland).

1. Berlin _____
2. Stuttgart _____
3. Dresden _____
4. Köln _____

3 Orientierung — Richtungen

5. Wo genau liegt …? Schreibe Sätze wie im Beispiel.

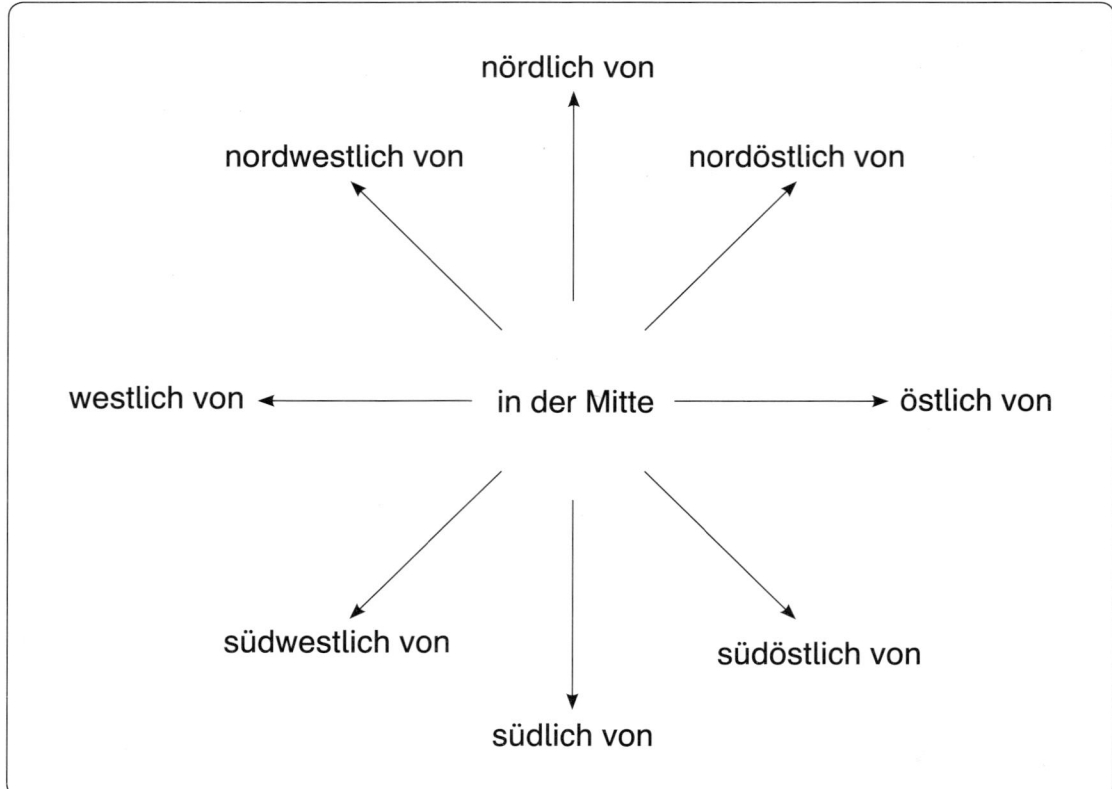

Beispiel: Hamburg liegt <u>nördlich von</u> Hannover.

1. München liegt _____
2. Bremen _____
3. Leipzig _____
4. Düsseldorf _____
5. Frankfurt _____

6. Wo liegt deine Stadt in Deutschland? Schreibe Sätze wie in Übung 5.

_____
_____
_____

7. Wo liegt deine Heimatstadt? Schreibe zwei Sätze.

_____
_____

4 Essen und Trinken — Lebensmittel

1. Male die Lebensmittel mit der passenden Farbe an.

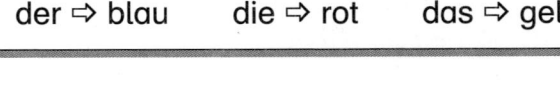
der ⇨ blau   die ⇨ rot   das ⇨ gelb

 der Saft
 die Limonade
 der Kuchen
 der Tee
 die Milch

 der Apfel
 die Möhre
 die Aubergine
 die Birne
 die Gurke

 das Mineralwasser
 der Lauch
 die Banane
 das Ei
 das Brötchen

 die Tomate
 das Radieschen
 die Zwiebel
 die Paprika
 die Erdbeere

2. Kennst du …? Schreibe die richtigen Artikel.

 _____ Kartoffel
 _____ Pfirsich
 _____ Pilz
 _____ Marmelade

 _____ Eis
 _____ Reis
 _____ Fleisch
 _____ Käse

3. Ergänze mit der passenden Form von *essen* und *trinken*. Die Verbtabelle hilft dir dabei.

essen	trinken
ich esse	ich trinke
du isst	du trinkst
er/sie/es isst	er/sie/es trinkt
wir essen	wir trinken
ihr esst	ihr trinkt
sie/Sie essen	sie/Sie trinken

Wir _____ eine Limonade.

Ich _____ einen Apfel.

Du _____ ein Glas Milch.

Ihr _____ eine Banane.

Sie (Plural) _____ einen Kuchen.

Er _____ einen Saft.

4 Essen und Trinken — Lebensmittel

4. Schreibe Sätze wie im Beispiel.
Übung 1 kann dir dabei helfen.

	der Nominativ
der Apfel	Das ist *ein* Apfel.
die Limonade	Das ist *eine* Limonade.
das Brötchen	Das ist *ein* Brötchen.

	Nominativ
🍌	Das ist *eine* Banane.
🫒	
🍄	
🥕	

5. Schreibe Sätze wie im Beispiel.
Übung 3 kann dir dabei helfen.

	der Akkusativ
der Apfel	Ich esse *einen* Apfel.
die Limonade	Ich trinke *eine* Limonade.
das Brötchen	Ich esse *ein* Brötchen.

	Akkusativ
🍑	Ich esse *einen* Pfirsich.
🍅	
☕	
🥚	

4 Essen und Trinken — Lebensmittel

6. Ordne die Satzteile. Schreibe vollständige Sätze.

1. essen – einen – wir – Kuchen

   _____

2. ich – ein – trinke – Glas Milch

   _____

3. trinkst – einen – du – Tee

   _____

4. isst – ein – er – Stück Käse

   _____

7. Was isst das Mädchen? Was trinkt der Junge? Schreibe jeweils einen Satz.

_____   _____

_____   _____

_____   _____

8. Und du? Was trinkst du? Was isst du?

Um 7 Uhr: _____

Um 13 Uhr: _____

Um 16 Uhr: _____

Um 19 Uhr: _____

4 Essen und Trinken　　　　　　　　　　　　　　　　Essgewohnheiten

Anke frühstückt um 7 Uhr.

Sie isst einen kleinen Imbiss um 9.30 Uhr.

Sie isst um 13.30 Uhr zu Mittag.

Anke isst um 19 Uhr zu Abend.

1. Wann isst du? Wann isst deine Familie? Schreibe Sätze wie oben im Beispiel.

1. Ich frühstücke um _____.

   Ich esse einen kleinen Imbiss um _____.

   Ich _____

   _____.

2. Mein Vater frühstückt um _____. Er isst _____.

   _____

   _____.

3. Meine Mutter _____

   _____

   _____.

2. Was frühstücken Anke und Tom? Schreibe Sätze.

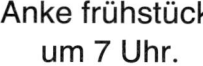
Anke isst Müsli mit Joghurt.

Sie trinkt _____.

Tom _____

_____.

4 Essen und Trinken

Essgewohnheiten

3. Was essen und trinken die Mitschüler von Anke (nicht)?
Schau die Bilder an. Antworte wie im Beispiel.

> **Tipp!**
> der ⇒ keinen
> die ⇒ keine
> das ⇒ kein

1. Henrik trinkt keine Milch. Er trinkt einen Saft.

_____.

2. Susi _____

_____.

4. Schau die Wörter an. Welche Lebensmittel sind gesund, welche ungesund?
Schreibe sie in die Tabelle.

das Fleisch   der Fisch   die Pizza   die Nudeln   das Obst   die Pommes

der Käse   der Saft   das Brot   die Wurst   die Sahne   der Reis

der Schokoriegel   der Hamburger   das Gemüse   die Bonbons

gesund 😊	ungesund ☹
das Gemüse,	die Bonbons,

4 Essen und Trinken — Essgewohnheiten

5. Was isst du gern zu Mittag und zu Abend? Schreibe Sätze. Übung 4 kann dir helfen.

> *Tipp!*
> **unbestimmte Mengenangaben ohne Artikel**
> Ich esse gern (–) Obst, Gemüse, Müsli, Reis …

Beispiel: Ich esse gern Reis und Gemüse zu Mittag. Ich trinke gern Wasser.

Ich esse _____

Ich trinke _____

6. Was essen und trinken deine Mitschüler gern? Schreibe die Antworten mit Hilfe der Übungen 3, 4 und 5.

Mitschüler 1: _____	Mitschüler 2: _____

7. Was isst der Junge (nicht)?

Ich esse jeden Tag _____.

Ich esse nur selten _____.

4 Essen und Trinken — Gemeinsam essen

1. Was fehlt? Ordne zu. Schreibe die passenden Sätze.

> Und was möchten Sie zum Essen? – Ich trinke keinen Kaffee. – Ich nehme lieber ein Eis. – Ich hätte gern ein Glas Orangensaft.

1. Kellner: „Was möchten Sie zum Trinken?"
   Mädchen: „_____"

2. Kellner: „_____"
   Mädchen: „Ich nehme die Nudeln mit Tomatensauce."

3. Kellner: „Und zum Nachtisch? Kaffee?"
   Mädchen: „_____"

2. Wo steht was? Ordne die Satzteile und schreibe vollständige Sätze. Übung 1 hilft dir dabei.

1. trinken – was – ? – Sie – möchten
   _____

2. ein Glas – hätte – ich – gern – Saft
   _____

3. Sie – zum Essen – was – möchten – ?
   _____

4. nehme – Pizza – ich – eine
   _____

5. zum – und – Nachtisch?
   _____

6. möchte – ein – ich – Eis – essen
   _____

4 Essen und Trinken — *Gemeinsam essen*

3. Schreibe die passende Frage oder Antwort. Übungen 1 und 2 helfen dir dabei.

1. _____?

   Ich hätte gern ein Glas Wasser.

2. Und zum Trinken?

   Ich möchte _____.

3. _____?

   Ich nehme den Fisch.

4. Und zum Nachtisch?

   Ich hätte _____.

4. Was möchten Sie …? Schreibe passende Sätze mit Hilfe der Übungen 1 bis 3.

Kellnerin: _____

Mann: _____

Kellnerin: _____

Mann: _____

4 Essen und Trinken *Gemeinsam essen*

5. Schau dir die Gerichte an. Ordne sie nach Vorspeise, Hauptgericht und Nachtisch. Schreibe sie in die Tabelle.

die Suppe das Hähnchen das Spiegelei das Eis

die Spaghetti Bolognese (Pl.) der Quark der Pfannkuchen die Bratkartoffeln (Pl.)

der Fisch die Spätzle (Pl.) der Tomatensalat das Schnitzel

Vorspeise	Hauptgericht	Nachspeise

6. Was kennst du noch? Schreibe weitere Wörter in die Tabelle in Übung 5.

die Falafel der Schokokuchen die Paella

7. Was isst du gern im Restaurant? Schreibe Sätze.

5 Das Jahr — Wie ist das Wetter?

1. Was passt zusammen? Ordne die Sätze zu.

> Es schneit.   Es ist windig.   Es gewittert.   Es regnet.
> Es ist neblig.   Es ist bewölkt.   Es ist sonnig.

die Sonne

das Gewitter

der Schnee

die Wolke

der Wind

der Regen

der Nebel

2. Wie ist das Wetter heute? Schreibe die passenden Sätze.

Es ist bewölkt.

3. Die Temperaturen: Heiß oder kalt?

Es sind 35 Grad. Es ist heiß.	Es sind 20 Grad. Es ist (sehr) warm.	Es sind 2 Grad. Es ist (sehr) kalt.	Es sind −20 Grad. Es ist eiskalt.

3 Grad: Es ist kalt.

40 Grad:

25 Grad:

−12 Grad:

5 Das Jahr — Wie ist das Wetter?

4. Was ist dein Lieblingswetter? Schreibe zwei bis drei kurze Sätze.

_____

_____

_____

5. Der Wetterbericht. Schau dir die Wetterkarte von Deutschland an. Beantworte die Fragen wie im Beispiel.

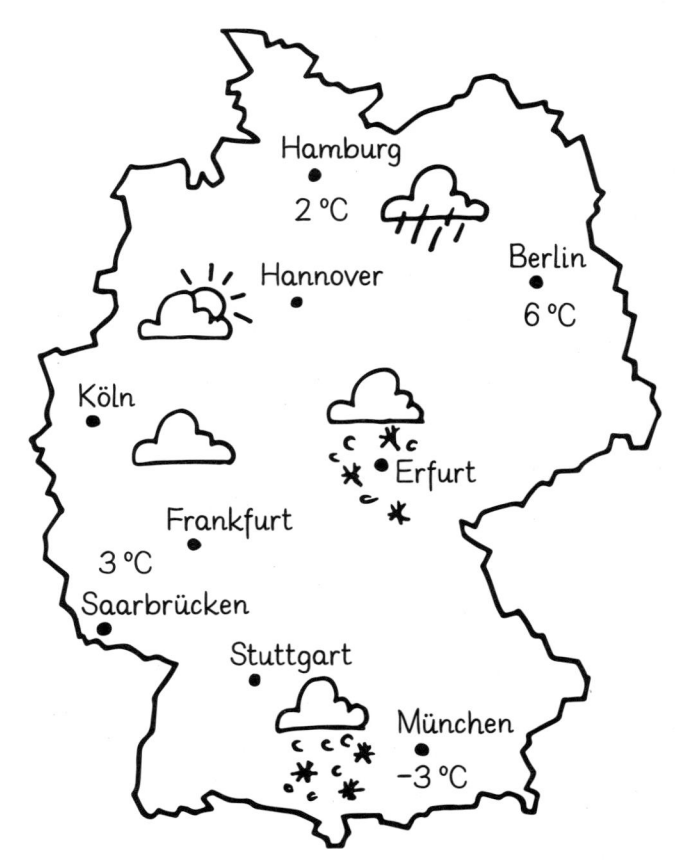

Beispiel: Wie ist das Wetter in Berlin? *In Berlin sind 6 Grad.*

1. Wo schneit es? _____

2. Wie ist das Wetter in Hamburg? _____

3. Wo ist es bewölkt? _____

4. Wie ist das Wetter in Saarbrücken? _____

6. Wie ist das Wetter heute in deiner Stadt? Schreibe zwei Sätze.

_____

_____

_____

5 Das Jahr — Wie ist das Wetter?

7. Was machen deine Mitschüler bei gutem Wetter? Und bei schlechtem Wetter? Frage und kreuze an.

?	Name: ☀	Name: 🌧	Name: ☀	Name: 🌧
fernsehen				
ins Schwimmbad gehen				
grillen				
Fahrrad fahren				
ein Buch lesen				
ins Kino gehen				
spazieren gehen				

8. Schreibe Sätze mit den Ergebnissen aus der Tabelle in Übung 7.

Bei schönem Wetter:

Name: _____ *geht ins Schwimmbad,* _____

Bei schlechtem Wetter:

Name: _____

9. Und du? Was machst du? Antworte mit Hilfe der Übung 7.

1. Was machst du, wenn die Sonne scheint?

   Ich _____

2. Was machst du, wenn es schneit?

5 Das Jahr *Kleidung*

das T-Shirt   der Rock   der Bikini   die Hose   der Mantel

die Sandalen   die Kappe   das Hemd   die Socken   die Schuhe

1. Was kennst du? Die Bilder oben können dir helfen. Schreibe die Wörter mit Artikel.

der	die	das	die *(Plural)*
der	die Jacke	das Kleid	die Jeans
der Pullover	die Badehose		die Stiefel
	die Mütze		
	die Strumpfhose		
der Schal	die Regenjacke		

2. Was tragen die Personen? Schreibe jeweils zwei Sätze in dein Heft.

Das Mädchen trägt ein Kleid, eine …

> **Tipp!**
> **tragen + Akkusativ**
> **der** Pullover ⇨ Sie trägt **einen** Pullover.
> **die** Hose ⇨ Er trägt **eine** Hose.
> **das** Hemd ⇨ Er trägt **ein** Hemd.
> **die** Schuhe ⇨ Sie trägt (–) Schuhe.

5 Das Jahr — *Kleidung*

3. Was trägst du heute? Was tragen deine Mitschüler? Schreibe je einen Satz.

Ich _____

Mein Mitschüler _____

Meine Mitschülerin _____

4. Je nach Wetter. Antworte mit der passenden Kleidung. Achte auf den Akkusativ.

1. Es schneit. Was trägst du?

   Ich trage _____

2. Es regnet. Was brauchst du?

   Ich brauche _____

3. Die Sonne scheint. Was trägst du?

   _____

4. Du machst Sport. Was brauchst du?

   _____

5. Welche Farbe hat die Kleidung? Ordne die Sätze zu. Male die Kleidungsstücke an.

> Das ist ein grün**er** Rock.   Das sind gelb**e** Schuhe.   Das ist ein blau**es** Kleid.
> Das ist eine braun**e** Hose.   Das ist ein schwarz**es** T-Shirt.   Das ist ein rot**er** Mantel.

Nominativ

Das ist ein grüner Rock.

_____

_____

_____

_____

_____

5 Das Jahr *Kleidung*

6. Male die Kleidung mit Farben an. Dann beschreibe sie.

Das ist _____   Das _____   _____   _____

7. Welche Farbe tragen die Kinder? Ordne die Sätze zu. Male an.

> Eva trägt ein**e** blau**e** Jeans.   Johannes trägt ein grün**es** T-Shirt.
> Silvia trägt ein**en** rot**en** Bikini.   Maria trägt gelb**e** Sandalen.

Akkusativ

8. Was tragen die Personen? Schreibe Sätze. Verwende den Akkusativ.

1. Laura – ein Rock – blau:

   Laura trägt einen blauen Rock.

2. Phillip – eine Jeans – schwarz:

   Phillip trägt

3. Henrik – eine Kappe – rot:

4. Herr Vogel – ein Hemd – weiß:

9. Welche Farbe hat deine Kleidung heute? Schreibe zwei Sätze.

5 Das Jahr

Monate und Jahreszeiten

1. Welche Jahreszeit passt? Schreibe Sätze wie im Beispiel.

Beispiel: Dezember: Das ist im Winter.

1. März:

2. Juli:

3. September:

4. Januar:

5. November:

2. Rätsel: Welcher Monat wird gesucht? Schreibe Sätze mit den Lösungen.

Beispiel: Dieser Monat hat drei Buchstaben. Das ist der Mai.

1. Nach diesem Monat kommt der Juli.

2. Dieser Monat ist der neunte des Jahres.

3. Dieser Monat fängt mit dem Buchstabe „D" an.

4. In diesem Monat fängt der Frühling an.

5 Das Jahr

Monate und Jahreszeiten

3. Was passt zu welcher Jahreszeit? Ordne die Sätze den Jahreszeiten zu.

Ich pflanze Blumen.	Ich sammle bunte Blätter.	Ich zelte im Wald.	Ich baue einen Schneemann.
Ich esse mein erstes Eis.	Ich trage einen warmen Pullover.	Ich schwimme im Meer.	Ich brauche eine Regenjacke.

Frühling: _____

Sommer: _____

Herbst: _____

Winter: _____

4. Lies die Sätze. Unterstreiche, was falsch ist. Schreibe die Sätze richtig in dein Heft.

Beispiel:

<u>Im Sommer</u> baue ich einen Schneemann. > *Im Winter baue ich einen Schneemann.*

1. Im Winter sammle ich bunte Blätter.

2. Die Schule fängt im Frühling an.

3. Im Winter zelte ich im Wald.

4. Im Herbst pflanze ich Blumen.

5 Das Jahr

Monate und Jahreszeiten

5. Was sagen die Personen? Schreibe Sätze mithilfe der Bilder.

Die Sonne scheint. Ich _____

_____.

Es _____. Ich brauche _____.

Ich baue _____.

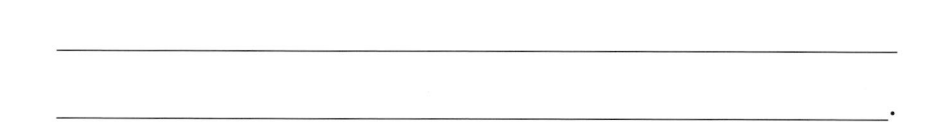

_____

_____.

_____

_____.

6. Was machst du? Was brauchst du? Schreibe Sätze wie im Beispiel.

Beispiel: Was brauchst du im Winter?

Ich brauche einen warmen Pullover. Ich trinke Tee.

1. … im Sommer?

_____

2. …, wenn es regnet?

_____

3. …, wenn es windig ist?

_____

6 Du oder Sie? *Ein Gespräch unter Freunden*

1. Was passt? Verbinde die passenden Fragen und Antworten.

Hallo, wie heißt du?	Ich wohne in Hamburg.
Was machst du nach der Schule?	Ich wohne in der Rathausstraße 31a.
Wie alt bist du?	Ich spiele mit meinen Freunden Fußball.
In welcher Straße wohnst du?	Ich bin acht Jahre alt.
Wo wohnst du?	Ich heiße Markus.

2. Beantworte die Fragen. Übung 1 kann dir dabei helfen.

1. Wie alt bist du?

2. In welcher Straße wohnst du?

3. Was machst du nach der Schule?

3. Die W-Fragen. Lies die Fragen und ordne sie unten in die Tabelle ein.

1. Wie heißt du?   2. Wann liest du?   3. Was isst du in der Pause?
4. Wo wohnst du?   5. Wer ist dein Lehrer?   6. Warum gehst du zur Schule?

Fragewort	Verb	Subjekt		Fragezeichen
1. Wie	heißt	du	–	?
2.				
3.				
4.				
5.				
6.				

6 Du oder Sie? — *Ein Gespräch unter Freunden*

4. Schreibe die passenden Fragen mit Hilfe der Übung 3.

1. _____ ? Ich wohne in München.
2. _____ ? Ich esse ein Brötchen.
3. _____ ? Ich lese abends.
4. _____ ? Herr Müller ist mein Lehrer.

5. Ja oder Nein? Schau die Sprechblasen an. Ordne die Fragen zu. Dann schreibe die Antworten.

| Hast du Haustiere?   Hörst du gern Musik?   Fährst du oft Fahrrad? |

_____ ?

Nein, ich _____ .

_____ ?

Ja, ich _____ .

_____ ?

Ja, ich _____ .

6 Du oder Sie? *Ein Gespräch unter Freunden*

6. Stelle eine passende Ja/Nein-Frage.

1. Hast du _____? Nein, ich bin Einzelkind.
2. _____? Nein, ich wohne in Berlin.
3. _____? Ja, ich habe einen Hamster.
4. _____? Ja, ich spiele Tennis.

7. Suche einen Partner. Stellt euch gegenseitig Fragen. Notiert eure Antworten. Übung 6 kann euch dabei helfen.

1. Hast du _____?
   _____.
   _____.

2. Spielst du _____?
   _____.
   _____.

3. Fährst du _____?
   _____.
   _____.

8. Ja/Nein- oder W-Frage? Ordne die Satzteile und schreibe die passende Frage.

1. isst – was – du – ?
   _____

2. in – du – Berlin – wohnst – ?
   _____

3. machst – was – am – du – Samstag – ?
   _____

4. geht – wie – Ihnen – es – ?
   _____

6 Du oder Sie?   *Ein Gespräch mit dem Lehrer*

1. Was passt? Ordne die Fragen zu und schreibe sie in die Sprechblasen.

> Wie alt sind Sie?   Haben Sie Kinder?
> Haben Sie Haustiere?   Sind Sie verheiratet?

2. Was antwortet der Lehrer? Schau die Sprechblasen an. Schreibe die passenden Antworten.

1. Ich bin vierzig Jahre alt.
2. Ja,
3.
4.

6 Du oder Sie?

Ein Gespräch mit dem Lehrer

3. Du oder Sie? Was sagen die Personen 1, 2 und 3? Kreuze an.

☐ Du ☐ Du ☐ Du
☐ Sie ☐ Sie ☐ Sie

4. Wer sagt was? Lies die Fragen. Trage sie in die richtige Spalte ein.

Spielen Sie Fußball?   Wie geht es dir?   Haben Sie Hunger?
Wann stehen Sie auf?   Machst du Sport?   Wie geht es Ihnen?
Spielst du Fußball?   Hast du Hunger?   Wann stehst du auf?   Machen Sie Sport?

Sie-Form	Du-Form

Marie-Anne Entradas: Schreiblehrgang: Kurze einfache Sätze
© Persen Verlag

6 Du oder Sie?   *Ein Gespräch mit dem Lehrer*

5. Schreibe die Fragen in der Sie-Form.

1. Hast du ein Auto?

   Haben _____

2. Wohnst du in Hamburg?

   _____

3. Fährst du mit dem Fahrrad zur Schule?

   _____

4. Isst du gern Schokolade?

   _____

5. Gehst du oft ins Kino?

   _____

6. Schau die Bilder an. Schreibe die passenden Fragen in der Sie-Form.

Haben Sie _____?

_____?

_____?

_____?

6 Du oder Sie? *Unter Menschen*

1. Am Bahnhof. Lies die Sätze. Wer sagt was? Ordne die Sätze den Personen zu.

Wie komme ich zum Gleis 4?	Entschuldigung, wo sind die Toiletten?
Guten Tag! Die Fahrkarte bitte!	Mein Koffer ist schwer. Können Sie mir helfen?
Wie viel kostet eine Fahrkarte?	Oh nein! Ich bin zu spät!

1. _____
2. _____
3. _____
4. _____
5. _____
6. _____

6 Du oder Sie?   *Unter Menschen*

2. Im Einkaufszentrum. Du suchst das Schuhgeschäft. Welche Sätze fehlen im Dialog? Ordne zu.

> Das Schuhgeschäft ist im ersten Stock.   Vielen Dank.
> Können Sie mir helfen?   Ich kann es nicht finden.

+ Entschuldigung. _____

− Hallo! Ja, natürlich.

+ Wo ist das Schuhgeschäft? _____

− _____ Du nimmst die Rolltreppe.

Dann gehst du geradeaus.

+ Super. _____

3. Im Schuhgeschäft. Schau die Sprechblasen an. Schreibe passende Fragen und Antworten.

- Kann ich dir helfen?
- Ja, _____.
- Welche Größe brauchst du?
- _____.
- Sie kosten 30 Euro.
- Wie viel kosten die Schuhe?
- _____.

6 Du oder Sie?   *Unter Menschen*

4. Auf dem Markt. Wer sagt was? Trage die Sätze ein.

> Hallo, haben Sie Tomaten?   Ja. Wie viele möchten Sie?   Nein, danke. Das ist alles.

- Guten Tag, was möchten Sie?
- _____
- Möchten Sie sonst noch etwas?

+ _____
+ Ich hätte gern ein Kilo Tomaten.
+ _____

5. Schau die Sprechblasen an. Was kaufen die Personen? Achte auf den Akkusativ.

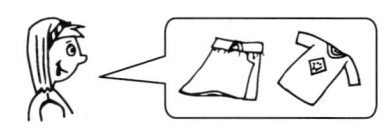

Das Mädchen kauft einen Rock und ein T-Shirt.

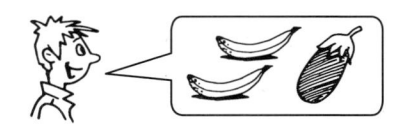

_____

_____

6. Und du? Was kaufst du gern auf dem Markt? Schreibe Sätze.

_____

_____

_____

_____

7 Unterwegs — Verkehrsmittel

1. Welche Verkehrsmittel kennst du? Kreuze an. Schreibe drei Sätze wie im Beispiel.

- ☐ das Auto
- ☐ das Schiff
- ☐ das Motorrad
- ☐ der Bus
- ☐ das Fahrrad
- ☐ die U-Bahn
- ☐ der Zug
- ☐ der Lastwagen
- ☐ das Wohnmobil
- ☐ das Flugzeug
- ☐ das Taxi
- ☐ die Straßenbahn

Ohne Verkehrsmittel: Ich gehe zu Fuß.

Beispiel: Ich kenne das Fahrrad. Ich kenne das Wohnmobil nicht.

2. Schau die Bilder an. Um welches Verkehrsmittel handelt es sich? Schreibe Sätze.

Das ist ein Auto.

1.
2.
3.
4.

7 Unterwegs — Verkehrsmittel

3. Welche Verkehrsmittel nutzen die Personen? Schau die Bilder an. Antworte mit Hilfe der Übung 1.

Max fliegt mit <u>dem</u> Flugzeug.

1. Eva fährt _____
2. Alexa _____
3. Stefan _____

Tipp!
mit + Dativ:
der ⇨ dem
die ⇨ der
das ⇨ dem

4. Und mit welchen Verkehrsmitteln fährt deine Familie? Schreibe Sätze.

1. Mein Vater _____
2. Meine _____
3. Mein _____

5. Karin erzählt. Schau die Sprechblase an. Schreibe die Sätze wie im Beispiel in dein Heft. Übung 3 kann dir dabei helfen.

Ich fahre 🚲 zum Bahnhof. Dann fahre ich 🚆 nach Frankfurt. Ich fliege ✈ nach Hamburg. Ich fahre 🚋 zum Hafen. Ich fahre 🚢 nach Cuxhaven. Ich fahre 🚕 zum Hotel.

Beispiel: Ich fahre <u>mit dem Fahrrad</u> zum Bahnhof. Dann fahre ich <u>mit dem</u>...

6. Vor welchem Verkehrsmittel hat Paul ein bisschen Angst? Schreibe Sätze.

Er hat Angst vor dem Motorrad.

1. _____
2. _____
3. _____

7 Unterwegs — Verkehrsmittel

7. Und du? Hast du auch ein bisschen Angst vor Verkehrsmitteln? Schreibe zwei Sätze.

Ja, ich habe ein bisschen Angst vor _____

Nein, ich _____

8. Rätsel: Welches Verkehrsmittel bin ich? Lies die Sätze. Ordne sie dem passenden Verkehrsmittel zu.

| Du brauchst einen Helm. | Ich kann fliegen. | Du kannst in mir wohnen. |
| Ich lade viele Kisten. | Ich lege in einem Hafen an. | Du kannst mit mir in den Park fahren. |

1. Das Flugzeug: _____
2. Das Motorrad: _____
3. Das Fahrrad: _____
4. Das Wohnmobil: _____
5. Der Lastwagen: _____
6. Das Schiff: _____

9. Wie komme ich dahin? Schreibe Sätze wie im Beispiel.

Beispiel: Du bist in deinem Zimmer. Du möchtest ins Wohnzimmer.
  Ich gehe zu Fuß.

1. Du bist zu Hause. Du möchtest zur Schule.

  Ich fahre mit _____

2. Du bist in Berlin. Du möchtest nach Kanada.

  _____

3. Du bist am Bahnhof. Du möchtest zum Flughafen.

  _____

7 Unterwegs

Auf Reisen

1. Malika macht eine Reise. Schau die Bilder an. Schreibe die passenden Sätze.

> Sie lernt neue Leute kennen.   Malika schreibt Postkarten.   Sie macht Fotos.
> Malika fliegt mit dem Flugzeug.   Sie packt ihren Koffer.   Malika steht früh auf.

2. Malika schreibt eine Postkarte. Trage die fehlenden Wörter ein.

> viel Sport   geht's   eine Woche   neue Leute   Die Sonne

Hallo!

Ich bin endlich am Meer! _____ scheint. Ich mache

_____ in der Natur. Und ich lerne _____

kennen. Ich bleibe noch _____. Und du?

Wie _____ dir? Was machst du?

Bis bald, deine Malika

3. Antworte Malika. Wo bist du? Wie ist das Wetter? Schreibe in dein Heft. Übung 2 kann dir dabei helfen.

Marie-Anne Entradas: Schreiblehrgang: Kurze einfache Sätze
© Persen Verlag

7 Unterwegs   *Auf Reisen*

4. Zu welchem Land passen die Spezialitäten? Ordne zu.

das Raclette   die Pizza   die Tapas (Pl.)   der Hamburger   das Baguette

der Tee   das Bier   der Fetakäse   der Kebab   der Gouda

Frankreich: _____

(die) USA: _____

Italien: _____

(die) Schweiz: _____

Deutschland: _____

England: _____

(die) Niederlande: _____

Griechenland: _____

Spanien: _____

(die) Türkei: _____

5. Was gibt es in deinem Heimatland? Schreibe auf.

Die Spezialität in _____ ist _____.

6. Was magst du (nicht)? Und dein bester Freund?

Ich esse gern _____.

Ich trinke _____.

_____ mag gern

Tipp!
essen/trinken/mögen + Akkusativ:
der-Wörter ⇨ keinen
die-Wörter ⇨ keine
das-Wörter ⇨ kein

_____.

7 Unterwegs

Auf Reisen

7. Lust auf …? Wohin fährst du? Schreibe Sätze.

> **Tipp!**
> Länder ohne Artikel ⇨ nach
> Länder mit „die" ⇨ in die

Ich möchte Baguette essen.
Ich fahre nach Frankreich.

Ich möchte Kebab essen.
Ich fliege in _____ .

_____

_____

_____

_____

8. Amin macht eine Reise durch Europa. Wohin fährt er? Wohin fliegt er? Schreibe Sätze mit den passenden Präpositionen.

1. Frankreich: Amin fährt mit dem Auto nach Frankreich.
2. England: *Dann fährt er mit* _____
3. Schweiz: *Dann* _____
4. Italien: _____
5. Griechenland: _____
6. Spanien: _____

7 Unterwegs — Mein Koffer

1. Trage das passende Wort ein.

> der Föhn   die Taschentücher (Pl.)   der Fotoapparat   der MP3-Player
> die Zahnbürste   die Taschenlampe   der Pullover   die Zahncreme
> die Haarbürste   das Kartenspiel   die Handschuhe (Pl.)

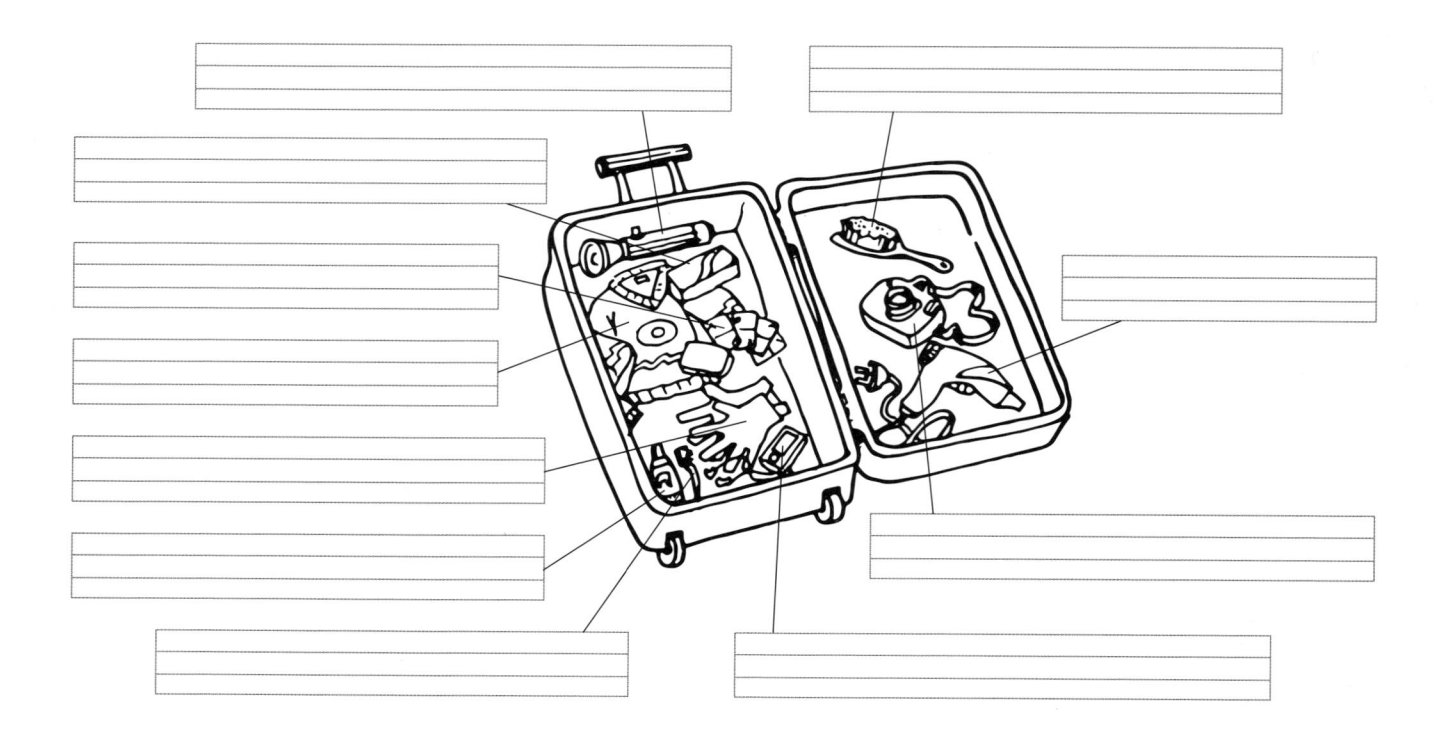

2. Was nimmst du mit? Antworte mit den passenden Wörtern wie im Beispiel.

> **Tipp!**
> **„mitnehmen" + Akkusativ:**
> **der**-Wörter ⇨ Ich <u>nehme</u> ein**en** Pullover <u>mit</u>.
> **die**-Wörter ⇨ Ich <u>nehme</u> ein**e** Haarbürste <u>mit</u>.
> **das**-Wörter ⇨ Ich <u>nehme</u> ein Kartenspiel <u>mit</u>.
> **die**-Wörter (Pl.) ⇨ Ich <u>nehme</u> **(–)** Handschuhe <u>mit</u>.

Beispiel: Du möchtest Karten spielen.   Ich nehme ein Kartenspiel mit.

1. Du möchtest Musik hören.   Ich nehme _____ mit.

2. Du möchtest die Zähne putzen.

3. Du möchtest die Haare trocknen.

4. Du möchtest Fotos machen.

5. Du möchtest einen Schneemann bauen.

7 Unterwegs — Mein Koffer

3. Es ist Sommer. Wohin fährst du? Was nimmst du mit? Schreibe zwei bis drei Sätze in dein Heft. Die Bilder können dir helfen.

| die Sandalen | der Bikini | die Sonnenbrille | das Handtuch | die Badehose | die Sonnencreme |

4. Eva hat ihren Koffer vergessen. Was braucht Eva? Schreibe Sätze wie im Beispiel. Übungen 1 bis 3 können dir helfen.

> **Tipp!**
> „brauchen" + Akkusativ:
> **der** ⇨ Sie braucht **ihren** Pullover.
> **die** ⇨ Sie braucht **ihre** Sonnenbrille.
> **das** ⇨ Sie braucht **ihr** Kartenspiel.
> **die** (Pl.) ⇨ Sie braucht **ihre** Sandalen.

Beispiel:
Eva will baden. *Sie braucht ihren Bikini.*

1. Eva will die Zähne putzen. _____
2. Eva will Fotos machen. _____
3. Eva will in der Sonne liegen. _____
4. Eva will zelten. _____

5. Es ist Winter. Was braucht Florian? Was nimmt er mit? Schreibe zwei bis drei Sätze. Die Bilder können dir helfen.

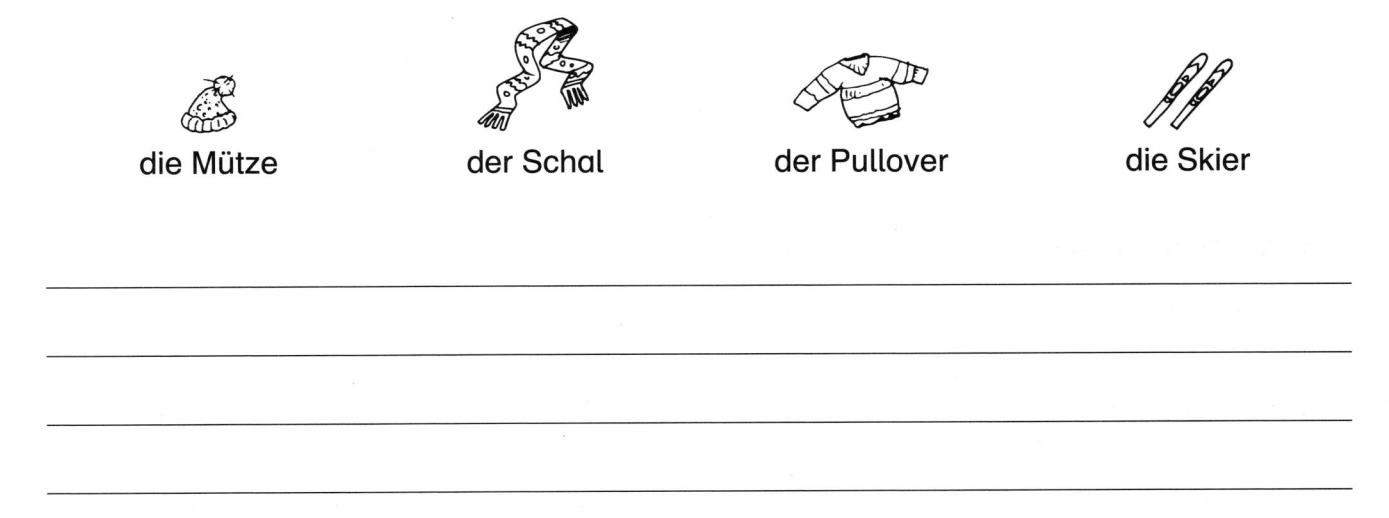

| die Mütze | der Schal | der Pullover | die Skier |

_____
_____
_____
_____

7 Unterwegs — Mein Koffer

6. Auch Markus hat seinen Koffer vergessen. Was braucht er? Schreibe Sätze wie im Beispiel. Die Übungen 1 und 4 können dir helfen.

Beispiel:

Markus will lesen. Er braucht _sein_ Buch.

> **Tipp!**
> „brauchen" + Akkusativ:
> **der** ⇨ Er braucht **seinen** Pullover.
> **die** ⇨ Er braucht **seine** Zahnbürste.
> **das** ⇨ Er braucht **sein** Handtuch.
> **die** (Pl.) ⇨ Er braucht **seine** Schuhe.

1. Markus will die Haare bürsten. _____
2. Markus will einen Schneemann bauen. _____
3. Markus will Ski fahren. _____

7. Was passt: *sein* oder *ihr*? Schau die Sprechblasen an. Schreibe die Sätze mit den passenden Possessivbegleitern.

Sie braucht _____

_____

_____

_____